어린 아우와 그대로 지낸 지 석 달이나 되었는데도
글 읽는 소리가 그치지 않았다.
세 차례 큰 눈이 내렸는데, 눈이 올 때면
이웃에 사는 작달막한 늙은이가 새벽마다 어김없이
빗자루를 들고 문을 두들기며 중얼중얼 혼잣말을 했다.
"딱한 일이구나! 연약한 선비들이 추위에 얼지는 않았나."
그러면서 먼저 길을 낸 다음 눈에 파묻힌 신발들을
찾아 내어 털어 놓고, 눈을 말끔히 쓸어 모아
둥글게 세 덩어리를 만들어 놓고 가곤 했는데,
나는 이미 이불 속에서 옛글을 서너 편씩이나 외곤 하였다.

— 이덕무의 산문집 《이목구심서》 1권에서

위대한 책벌레 4
간서치 형제의 책 읽는 집

초판 1쇄 발행 2014년 6월 16일
초판 5쇄 발행 2021년 12월 28일

글 김주현
그림 윤종태

펴낸곳 도서출판 개암나무(주)
펴낸이 김보경
경영관리 총괄 김수현　**경영관리** 배정은
편집 조원선 서진　**디자인** 김효정　**마케팅** 신종연
출판등록 2006년 6월 16일　제22-2944호

주소 서울특별시 용산구 한남대로40길 19, 4층(한남동, JD빌딩) (우)04417
전화 (02)6254-0601, 6207-0603　**팩스** (02)6254-0602　**E-mail** gaeam@gaeamnamu.co.kr
개암나무 블로그 http://blog.naver.com/gaeamnamu　**개암나무 카페** http://cafe.naver.com/gaeam

ⓒ 김주현, 윤종태, 2014
이 책의 저작권은 저자에게 있습니다. 저자와 출판사의 허락 없이 내용의 일부를 인용하거나 발췌하는 것을 금합니다.

ISBN 978-89-6830-043-1 74810
ISBN 978-89-6830-029-5(세트)

이 도서의 국립중앙도서관 출판시도서목록(CIP)은 서지정보유통지원시스템 홈페이지(http://seoji.nl.go.kr)와
국가자료공동목록시스템(http://www.nl.go.kr/kolisnet)에서 이용하실 수 있습니다.
(CIP제어번호: CIP2014014973)

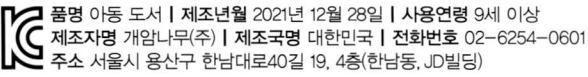

간서치 형제의 책 읽는 집

김주현 글　윤종태 그림

개암나무

작가의 말

책을 읽으며 가난과 추위를 이겨 낸
이덕무, 이공무 형제 이야기

하얀 김이 서린 추운 방에서 다 큰 형과 나이 어린 아우가 나란히 책상에 앉아 책을 읽습니다. 소리 내어 책을 읽다 보니 차가운 벽에서 느껴지는 한기도 까맣게 잊었습니다.

이 가난한 형제는 스스로를 '남산 밑 책만 읽는 바보'라 일컬은 조선 시대 선비 이덕무와 그의 어린 동생 공무입니다. 공무는 이덕무보다 16살이나 어린 동생이었습니다. 옛날에는 장가를 일찍

한기(寒氣) 추운 기운.

갔으니 아들뻘 되는 동생이었지요.

이덕무가 쓴 산문에는 1765년, 이덕무가 25살, 아우 공무가 9살 되던 해에 형제가 작은 초가집에서 책을 읽으며 겨울을 난 이야기가 나옵니다.

'어린 아우와 기거˚한 방은 추웠지만 책 읽는 소리가 끊이질 않았다.'

책에는 단 몇 줄뿐이었지만, 형제가 책을 읽으면서 추위를 이겨 내는 모습을 그리니 뭉클한 감동이 물밀 듯 밀려왔습니다.

어린 아우는 춥고 배고파도 든든한 형이 있어 즐거웠을 것입니다. 반면에 형은 동생에게 해 줄 게 없어서 마음이 아팠겠지요. 가난한 살림살이에 동생에게 나눠 줄 만한 재산이라고는 책을 함께 읽는 것뿐이어서 더욱 부지런히 책을 읽지 않았나 생각해 봅니다.

기거(起居) 일정한 곳에서 먹고 자고 하는 따위의 일상적인 생활을 함.

이덕무는 양반이었으나 몹시 가난했습니다. 서자 집안에서 태어난 탓에 큰 벼슬에 오를 길이 막힌 데다가 몸이 약해 평생 병을 달고 살았다 합니다. 그러나 이덕무에게는 책이 있었습니다. 그는 책 읽기를 통해 즐거움을 찾았고, 가난도 질병도 앗아 갈 수 없는 크나큰 행복을 누렸습니다. 그리고 책을 통해 더 나은 사람, 더 멋진 사람이 되려고 부단히 노력했지요.

이덕무는 39살 되던 해인 1779년(정조 3)에 규장각의 첫 검서관에 임명되었습니다. 책을 좋아하는 그에게 규장각의 진귀한 책을 마음껏 볼 수 있는 기회가 주어졌으니 얼마나 행복했을까요. 이덕무를 검서관으로 임명한 정조 임금은 지식이 깊고 넓은 그를 특별히 아꼈습니다.

평생 부귀영화를 누리며 살지는 못했지만 자신이 무엇을 할 때

서자(庶子) 양반과 평민 여자 사이에서 태어난 아들과 그 자손.
규장각(奎章閣) 정조가 왕위에 오른 뒤 설치한 왕실 도서관.
검서관(檢書官) 조선 후기 규장각 벼슬아치를 도와 책의 교정(바르게 고침)을 맡아보던 사람.
부귀영화(富貴榮華) 재산이 많고 지위가 높으며 귀하게 되어서 세상의 온갖 영광을 누림.

가장 행복하고 기쁜지 알았던 이덕무를 통해 행복한 독서의 의미를 되새겨 보기 바랍니다.

김주현

차례

개 소리, 말 소리,
시끄러운 소리를 잠재우다 11

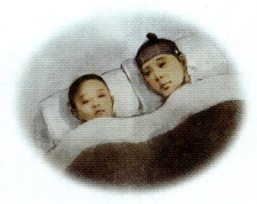
서걱거리는 이불 21

마음을 빼앗기지 않다 28

 도령들, 형을 놀리다 37

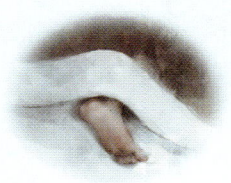 책이 밥 먹여 줍니까 43

 맹자, 밥을 차려 주다 50

개 소리, 말 소리, 시끄러운 소리를 잠재우다

"나물이 깔끄러워서 생선 가시처럼 목구멍을 찌릅니다, 형님."

형은 나물죽을 우물거리며 투덜대는 나이 어린 아우를 물끄러미 바라보았습니다.

"아우님, 질깃질깃한 것을 꼭꼭 씹어 먹어 보세요. 고기반찬 맛이 날 겁니다."

질기고 억센 나물이 목에 걸려 훌훌 넘어가지 않는 것은 형도 마찬가지였습니다. 그런데 그마저도 몇 술 뜨고 나니 바닥이 드러났습니다. 어린 아우는 아쉬운 표정으로 숟가락만 빨았지요.

"보들보들한 하얀 쌀밥에 고기반찬을 얹어 배불리 먹어 봤으면

소원이 없겠습니다."

아우가 말했습니다.

"배불리 먹으면 책을 읽기가 힘들지요. 대신 오늘은 책을 더욱 크게 소리 내어 읽어야겠습니다. 책을 소리 내어 읽으면 좋은 점이 무엇이라고 했습니까?"

"배가 고플 때 책을 읽으면 소리가 두 배로 낭랑해진다. 책 속에 담긴 뜻을 더 잘 맛보게 되어 배고픔을 깨닫지 못한다."

"옳거니, 아주 잘 알고 있군요. 그럼 어디, 우리 아우님의 낭랑한 목소리를 들어 볼까요?"

형은 밥상을 물리고 방 한가운데에 책상을 반듯하게 놓았습니다.

"아우님, 해가 서쪽으로 기울었으니 서쪽을 바라보고 앉아 책을 읽읍시다."

형제의 집은 허름하고 방도 매우 작았지만 동쪽, 서쪽, 남쪽 삼면에 창이 나 있어 동에서 서로 해가 가는 방향에 따라 빛을 받으며 책을 읽을 수 있었어요. 형과 아우는 책상을 서쪽으로 향하게 하고 마주 앉아 책을 펼쳤습니다.

낭랑하다 소리가 맑고 또랑또랑하다.

"오늘은《논어》를 읽어 볼까요?"

책을 읽으려는데 밖에서 개 짖는 소리가 요란하였습니다.

"아, 이 영감탱이, 내가 먼저 지나가려고 하잖아, 어여 비켜!"

"뭐야, 이 쭈그렁이가 어디서 행패야! 이놈아, 너나 썩 비켜라."

쭈그렁이 살이 빠져서 쭈글쭈글한 늙은이를 낮잡아 이르는 말.

"아, 뭣들해요. 남의 어물전 앞에서 왜 싸우고들 난리냐고요. 싸울 거면 저만치 가서 싸우든가!"

개 짖는 소리에 이어 수레바퀴 굴러가는 소리, 말 달리는 소리가 뒤엉켰습니다. 시장통 사람들이 고함을 지르며 싸우는 소리까지 뒤죽박죽되어 창문을 넘어 들어왔지요. 형제의 집은 시장 옆에 있어서 웅성거리는 소리가 끊일 날이 없었습니다.

"형님, 밖이 너무 시끄러워서 마음을 모을 수가 없습니다."

"무슨 소리가 들린다는 말입니까, 아우님?"

"이 시끌벅적한 소리가 안 들리십니까?"

"책을 읽어 보세요. 그럼 제아무리 요란한 소리도 귀에 들어오지 않을 것입니다. 걱정과 근심이 많을 때 책을 읽으면 마음이 책에 오롯이 집중되지요? 바깥의 소리도 마찬가지입니다, 아우님."

어린 아우는 입술을 삐죽 내밀었어요.

"제 귀에는 개 소리, 말 소리, 싸우는 소리밖에 안 들립니다. 글자가 눈에 들어오지 않습니다, 형님."

"그러니 소리 내어 읽어 보세요. 소리 내어 읽으면 책 속의 아름

어물전(魚物廛) 생선, 김, 미역 따위의 해산물을 파는 가게.

다운 문장들이 책 읽는 소리에 실려 방 안에 가득 찰 것입니다. 어디 한번 해 보셔요, 아우님."

어린 아우는 목청을 가다듬고 소리 내어 책을 읽기 시작했습니다.

> 유익한 세 가지 벗이 있고, 해가 되는 세 가지 벗이 있다.
> 정직한 사람을 벗하고, 신의가 있는 사람을 벗하고,
> 견문이 넓은 사람을 벗하는 것은 유익하다.
> 허식이 있는 사람을 벗하고, 아첨 잘하는 사람을 벗하고,
> 말을 잘 둘러대는 사람을 벗하는 것은 해가 된다.

한 문장, 한 문장을 큰 소리로 읽어 나가던 아우가 책 읽기를 마쳤습니다.

"어떤가요? 개 소리, 말 소리가 들리던가요?"

아우는 벙글벙글 웃으며 말했습니다.

해(害) 얻는 것이 없고, 상태가 나빠짐.
신의(信義) 믿음과 의리.
견문(見聞) 보고 들음.
허식(虛飾) 알맹이 없이 겉만 꾸밈.
아첨(阿諂) 남에게 잘 보이려고 알랑거리는 말이나 짓.

"어? 정말 아무 소리도 들리지 않았습니다! 귓가에 시끄럽게 울리던 소리가 잠잠해지더니 이내 멀리 사라져 버렸습니다."

형은 아우의 모습이 귀여워 껄껄 웃었습니다.

"그것 보십시오. 나는 백 가지 중 한 가지도 잘하는 게 없는 사람입니다. 거짓말도 그 백 가지 중 하나이니, 내 말을 믿으세요. 오늘 책을 잘 읽었으니 내일은 장터를 구경하러 갑시다."

"와아! 정말입니까?"

아우는 신이 나서 어깨춤을 덩실덩실 추며 방 안을 돌아다녔습니다.

"그리 좋습니까? 어서 자야 내일 일찍 일어나지요."

서걱거리는 이불

개켜 놓은 이불을 펴니 차가운 이불깃에서 바스락바스락 소리가 났습니다.

'호오…….'

입김을 불면 성에가 끼어 벽에 얼음이 얼었습니다.

"형님, 여기 보십시오. 제 얼굴이 비칩니다."

아우는 얼음 낀 벽 앞에 서서 눈꼬리를 올렸다 내렸다 하며 장난을 쳤습니다.

"어서 이불을 덮고 잠자리에 듭시다."

성에 기온이 영하일 때 유리나 벽 따위에 수증기가 허옇게 얼어붙은 모양.

아우는 이불 속으로 쏙 들어가나 싶더니 갑자기 발딱 일어나 앉았어요.

"이불을 덮은 것인지, 얼음을 덮은 것인지 알 수가 없습니다. 너무 추워서 잠을 잘 수가 없습니다."

"아무래도 안 되겠습니다. 추위를 이겨 내려면 책을 몇 장 더 읽어야겠어요."
"네? 책을 또 읽는단 말입니까?"

"추울 때 책을 읽으면 따뜻한 기운이 소리를 따라 몸 안으로 흘러 들어와 편안해집니다. 그럼 추위도 잊을 수 있지요."

아우는 벌떡 일어나더니 칼을 휘두르듯 양손을 휘저으며 입으로 '휙휙' 소리를 냈어요.

"형님, 저처럼 해 보십시오. 추울 때는 책을 읽는 것보다 이렇게 칼싸움이나 말 타기 놀이를 하는 것이 더 낫습니다. 몸이 더 빨리 따뜻해집니다."

"허허. 그런가요? 책도 만만치 않습니다."

아우는 어쩔 수 없이 형을 따라서 큰 소리로 책을 몇 장 더 읽었습니다.

> 나는 매일 나 자신에 대하여 세 가지를 반성한다.
> 남을 위해 일을 함에 있어 충실하지 않았던 적은 없는가,
> 친구들과 사귐에 있어 신의를 잃은 적은 없는가,
> 배운 것을 익히지 않은 것은 없는가이다.

"어떤가요? 몸이 좀 훈훈해지지 않았습니까?"

형이 책장을 덮으며 아우에게 물었어요.

"하암, 그건 잘 모르겠고, 눈꺼풀이 천근만근 같아서 추위고 뭐

충실(充實) 내용이 알차고 단단함.
훈훈(薰薰) 날씨나 온도가 견디기 좋을 만큼 더움.
천근만근(千斤萬斤) 무게가 천 근이나 만 근은 된다는 뜻으로, 아주 무거움을 이르는 말.

고 다 잊고 그냥 쓰러져 잘 듯합니다."

어린 아우는 풀썩 자리에 눕더니 스르륵 눈을 감았습니다. 그러고는 쿨쿨 소리까지 내며 금세 깊은 잠에 빠졌어요. 형은 입을 헤벌린 채 단잠에 빠진 아우의 얼굴을 물끄러미 바라보며 엷은 미소를 지었습니다.

'쿨쿨거리는 소리가 우렁찬 걸 보니 내 마음도 상쾌하구나.'

형은 아우를 조금이라도 따뜻하게 해 주려고 아우 곁에 꼭 붙어 잠이 들었습니다.

마음을 빼앗기지 않다

하늘에 구멍이 뚫렸는지 밤새 큰 눈이 쏟아졌습니다.

이웃에 사는 작달막한 노인이 새벽같이 커다란 빗자루를 들고 형제의 집에 왔습니다. 노인은 혀를 끌끌 차며 혼잣말을 했어요.

"몸 약한 선비들이 밤새 얼지는 않았나……. 보아 하니 피죽도 제대로 못 먹는 눈치던데, 쯧쯧. 눈이나 쓸어 주고 가야겠구먼."

노인은 눈을 쓸어 길을 내고 댓돌 위에 놓인 신발들의 눈을 털었어요. 쓸어 낸 눈은 한쪽에 둥그렇게 쌓아 놓고 돌아갔습니다.

피죽 볏과의 한해살이풀인 피로 쑨 죽.
댓돌 한옥에서 마루로 올라갈 수 있게 놓은 돌로 된 계단.

일찍 눈을 뜬 형은 자리에서 일어나려다가 아우가 추울까 봐 이불 속에 더 누워 있었어요. 이불 속에서 옛글을 서너 편 외우느라 밖에서 나는 인기척을 느끼지 못했지요.

"이제 일어나야지요."

형은 쿨쿨 잘도 자는 아우를 깨우기가 뭣해서 물끄러미 쳐다보다가 해가 방 안 깊숙이 들어오고 나서야 아우를 깨웠습니다.

"아, 형님, 왜 하필 지금 깨우십니까? 흰 쌀밥에 노릇노릇하니 구운 자반을 올려서 막 먹으려던 참이었는데, 조금만 있다가 깨우시지. 자르르 윤기 나는 고슬고슬한 밥에 짭짜름한 생선을 올려 막 입에 넣으려던 참이었단 말입니다……."

어린 아우는 몹시 아쉬운 얼굴로 입맛을 다시며 말했어요.

"아, 맞다. 오늘 장 구경을 나간다 하지 않았습니까?"

"아침 독서를 마치고 나가야지요."

"아침에 꼭 읽어야 합니까?"

아우가 툴툴거리며 볼멘소리로 말했습니다.

인기척 사람이 있음을 알 수 있게 하는 소리나 행동.
자반 소금에 절여서 굽거나 찐 생선.

"시간을 정해 놓고 책을 읽으면 책 읽기가 더욱 즐거워지니까요."

아침 책 읽기를 마치고 나서 형제는 외출할 채비를 했습니다.

형의 옷은 여기저기 해져서 매서운 바람이 숭숭 드나들었습니다. 아우의 옷도 매한가지였지요. 그래도 형은 아우의 옷깃을 단단히 여며 준 뒤 함께 문밖으로 나섰습니다.

"우아, 눈이 이렇게나 많이 왔습니까? 그런데 우리 집 앞의 눈을 누가 다 쓸어 놓았네요? 형님이 쓰셨습니까?"

"나는 아닙니다. 글쎄요……, 이 많은 눈을 누가 다 쓸었을까요?"

형이 고개를 갸우뚱하며 생각하는 동안 어린 아우는 눈밭을 폴짝폴짝 뛰어다녔습니다. 그리고 저만치 앞서 가더니 눈을 둥글게 뭉쳤어요.

아우는 "형님, 형님, 저 좀 보셔요." 하며 목청껏 소리를 질렀습니다.

형이 '아, 아랫집 영감님이 또 쓸어 주고 갔구나.' 하고 생각하는 사이 아우가 형에게 눈 뭉치를 힘껏 던졌습니다. 그러고는 깔깔 웃음을 터뜨렸어요.

"하하하하, 피하셔야지요. 눈밭에서 그리 멍하니 있다가는 눈 폭탄을 맞기 십상입니다."

아우는 뒷걸음질 치며 깔깔거리다가 그만 벌러덩 뒤로 자빠졌어요. 눈밭에 빠진 아우를 보고 형도 소리 내어 껄껄 웃었습니다. 형과 아우는 발이 푹푹 빠지는 폭신폭신한 눈밭을 걸어 거리로 나갔지요.

갓끈을 만드는 갓방이며 작두로 담뱃잎을 착착 써는 담배 가게를 지났습니다. 밥집이며 술집은 사람들로 북적거렸고, 거리는 사람과 수레 따위가 오가는 소리로 시끌시끌했어요. 장에 나온 사람들은 저마다 한껏 들뜬 얼굴로 바삐 걸음을 옮겼습니다.

"보세요. 거리가 아주 번잡하지요. 그런데 말입니다. 이렇게 번잡한 길을 걸어도, 마음이 고요하면 그 번잡함에 휘둘리지 않습니다."

아우는 형을 멀뚱멀뚱 바라보았어요.

번잡(煩雜) 번거롭게 뒤섞여 어수선함.
고요 조용하고 잠잠한 상태.

"아우님은 아직 어려서 이해하기 어려울지도 모릅니다. 이다음에 커서 바쁘게 돌아가는 세상을 살다 보면 알 수 있을 겁니다."

형의 말마따나 아우는 그 말을 다 이해하기가 어려웠습니다. 하지만 형과 나란히 시장 길을 걷는 것은 몹시도 즐거웠습니다. 형과 나란히 앉아 책을 읽는 것만큼이나 신이 났습니다.

도령들, 형을 놀리다

"나온 김에 지전에 가서 종이를 사야겠습니다."

"또 책을 베껴 쓰시게요?"

"며칠 전에 빌린 책을 돌려줘야 하니, 서둘러 베껴 써야지요."

"우리가 가난하지 않으면 형님께서 매번 책을 베껴 쓰지 않아도 될 텐데요……. 빌릴 필요 없이 사서 보면 되니까요."

선비는 아우를 지긋이 바라보았습니다.

"아우님, 가난해서 속상합니까?"

"그게……. 형님이 힘들게 책을 베껴 쓰시는 것이 안타까워서

지전(紙廛) 온갖 종이를 파는 가게.

그러지요."

"부족한 것이 꼭 나쁜 것만은 아니고, 넘치는 것이 꼭 좋은 것만도 아닙니다. 책을 한 자, 한 자 베껴 쓰면 그 책이 통째로 마음속에 새겨지니 그보다 좋을 수 없지요. 책을 손쉽게 살 수 있다면 그토록 마음 깊이 새길 수 있을까요?"

"그래도 서가에 책이 꽉 차 있으면 좋겠습니다."

서가(書架) 책을 얹어 두거나 꽂아 두도록 만든 선반.

"비단으로 싼 책들을 화려한 책장에 빽빽하게 꽂아 놓고 한 글자도 읽지 않는 겉치레뿐인 도령들이 허다합니다."

"형님 말씀을 듣고 보니 그러하네요. '배불리 먹고 따뜻하게 입고 편안히 지낼 뿐 가르침이 없다면 금수에 가깝다.'고 하였지요. 맹자님이 말씀하셨습니다."

허다(許多) 수가 매우 많음.
금수(禽獸) 날짐승과 길짐승을 통틀어 일컫는 말. 행실이 아주 더럽고 나쁜 사람을 비유할 때 씀.

"오호, 우리 아우님이 아주 영특하십니다."

형과 아우가 나무 아래서 이야기를 주고받을 때 선비 여럿이 거들먹거리며 다가왔습니다.

"오호, 이게 누구신가?"

"청장 아니신가? 책만 읽는 선비가 어찌 이 누추한 시장통에 납시었소이까?"

"청장? 청장이라면 물고기를 잡을 생각은 않고 물가에 우두커니 서서 오는 물고기나 먹고사는 새 말인가?"

"그렇지. 이 사람이 그런 청장 같은 자일세. 먹고사는 일에는 신경을 쓰지 않고 종일 책만 읽는다네."

우르르 몰려다니며 배운 척, 아는 척, 잘난 척하는 양반집 도령 패거리였어요.

읽기 위해서가 아니라 남들에게 뽐내기 위해 어려운 책만 골라 끼고 다니고, 어려운 문자를 섞어 가며 거드름 피우기 좋아하는 도령들에게 청장이라 불린 가난한 선비는 재수 없는 작자로 비쳤

청장(靑莊) 해오라기 종류의 물새. 맑고 차가운 연못에 서서 물고기가 앞에 오면 먹는 새로 주어진 것에 만족하며 즐기는, 청렴함을 뜻함.
작자(作者) 나 아닌 다른 사람을 낮잡아 부르는 말.

습니다. 서자인 데다가 스승 밑에서 제대로 배운 적도 없는데, 글 재주가 뛰어나다는 소문이 도는 것도 배알*이 뒤틀렸지요.

"그렇게 책을 많이 읽었으면 이번 과거 시험은 문제없겠구먼."

"이 친구, 무슨 소리를 하는 겐가. 사람을 실없이 놀리면 쓰나. 서자 출신이 어찌 과거를 본단 말인가. 안 그런가? 실례가 많았네. 우리는 과거 준비로 바빠서 이만 가 봐야겠소. 하하하하!"

도령들은 도포* 자락을 휘날리며 쌩하니 몸을 돌렸습니다. 부러 들으라고 큰 소리로 뒷말을 떠들어 댔지요.

"서자 출신이니 변변한 벼슬 자리도 얻지 못할 터인데, 책만 붙들고 있으면 뭐하누? 말마따나 책만 보는 바보가 아닌가, 쯧쯧."

희멀겋게 생긴 도령들은 시시덕거리며 시장통을 빠져나갔습니다.

아우는 눈알이 벌게져서 두 주먹을 부르르 떨었어요.

"이제 슬슬 지전으로 가 볼까요?"

형이 아우의 어깨에 손을 올리려 하자, 아우는 뿌리치고서 사람들 속으로 달려갔습니다.

배알 속마음.
도포(道袍) 옛날에 남자들이 입던 겉옷으로 소매가 넓고 등 뒤가 김.

책이 밥 먹여 줍니까

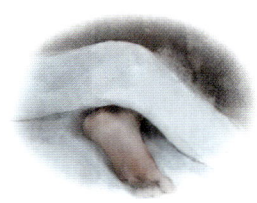

아우는 저녁 무렵이 되어서야 집으로 돌아왔어요.

형은 불을 켜지 않은 채 어스름한 노을빛에 의지해 책을 읽고 있었습니다. 어디에 갔다 왔느냐고 묻지도 않고 조용히 책만 들여다보고 있었지요.

어린 아우는 장난기가 싹 가신 표정으로 형에게 말했습니다.

"도령들이 형님을 책만 보는 바보라고 놀렸습니다."

"책만 보는 바보라? 허허."

"웃음이 나오십니까? 저는 속이 부글부글 끓어서 그만 주먹질을 할 뻔했습니다."

"책만 보는 바보라…… 맞지 않습니까? 나는 백 가지 중에 한 가지도 잘하는 게 없어요. 딱 하나 잘하는 게 있다면 책을 읽는 것이라서 온종일 책을 읽지요. 그러니 책 바보가 맞습니다."

어린 아우는 화가 나서 목소리를 높였습니다.

"왜 과거 시험을 볼 수 없다고 말해 주지 않았습니까? 왜 벼슬할 수 없다고 말해 주지 않았습니까? 과거도 볼 수 없고, 벼슬길에도 오를 수 없는데, 무엇 때문에 그리 부지런히 책을 읽으신 겁니까?"

형의 얼굴에서 웃음기가 가셨습니다. 천진난만한 바보 웃음이 사라졌습니다. 형은 아우의 성난 얼굴을 가만가만 바라보았어요.

"억울합니까?"

"……."

"그동안 공부한 게 아무짝에도 소용없는 일이 되어 억울하고 분합니까?"

"……."

"아우님. 사람이 되기 위해 공부하는 것입니다. 무엇보다 사람이 사람답게 살기 위해 배우는 것입니다. 시장에서 본 자들은 과거 시험을 치러 벼슬할 수 있을 테지요. 그러나 덕˚ 있는 사람이라 할 수는 없습니다. 번드레한˚ 옷을 입고 청산유수˚로 말을 하나, 마음속 거울에 자기를 비춰 보지 못하였지요. 책 읽기로 마음을 다스리지 못해서 그런 것입니다. 벼슬을 위해 공부했을 뿐 진정 사람이 되는

덕(德) 도덕적인 이상을 이뤄 나가는 사람의 됨됨이와 능력.
번드레하다 실속 없이 겉모양단 매끄럽다.
청산유수(靑山流水) 푸른 산에 흐르는 맑은 물. 막힘없이 썩 잘하는 말을 일컬음.

공부는 하지 않은 탓이지요. 내가 아우님과 함께 이 추운 방에서 하루도 거르지 않고 책을 읽는 것은 부자가 되기 위해서도, 출세˚하기 위해서도 아닙니다. 멋진 사람이 되려는 것입니다."

"……."

어제까지만 해도 책 읽는 소리가 낭랑하게 울려 퍼지던 마당은 조용하기 그지없었습니다.

"모르겠습니다. 모르겠습니다. 책이 밥 먹여 줍니까? 삼시 세끼˚ 밥도 배불리 먹여 주지 못하는 책을 더는 읽고 싶지 않습니다."

아우는 서걱거리는 이불을 펴고 그 속에 푹 파묻히듯 누워서 꼼짝도 하지 않았습니다.

이불 사이로 나온 아우의 발은 빨갛게 얼고 까만 때가 끼어 있었습니다. 아우의 마음처럼 퉁퉁 부어올라 있었지요.

'속상한 마음에 장터를 돌아다니다가, 애꿎은 나무에 눈뭉치를 던지며 분풀이˚를

했겠지. 나를 비웃은 사람들이 밉고, 그런 자들에게 화조차 내지 않은 나 역시도 미웠겠지. 열심히 공부해 봤자 변변한 벼슬자리 하나 얻지 못한다는 이야기에 속상하고 또 속상했겠지.'

형은 이불을 뒤집어쓴 채 꼼짝 않고 누워 있는 아우를 바라보며 생각했습니다.

'아무것도 먹지 못했을 텐데······.'

마음이 무거우니 눈에 글자가 들어오지 않았습니다. 아우는 어느새 새근새근 잠이 들었지요.

다음 날 아침, 형은 일찌감치 자리에서 일어났어요. 그리고 양손에 책을 가득 들고서 집을 나섰습니다.

출세(出世) 사회적으로 높은 지위에 오르거나 유명하게 됨.
삼시 세끼 아침, 점심, 저녁으로 하루에 세 번 먹는 밥. 하루하루의 끼니.
분풀이 분한 마음을 푸는 일.

맹자, 밥을 차려 주다

아우는 해가 방 안 깊숙이 들어온 뒤에야 비로소 눈을 떴습니다. 옷도 갈아입지 않은 채 잠든 기억이 나는데, 일어나 보니 깨끗한 옷으로 바뀌어 있고, 까맸던 발도 말끔히 닦여 있었습니다. 그런데 형은 곁에 없었습니다. 어제 화가 나 쏟아 낸 말 때문에 가뜩이나 미안한데, 형마저 안 보이니 몹시 불안했습니다. 혹시나 형이 자기를 버리고 도망간 건 아닐까 싶어 가슴이 덜컥 내려앉았습니다.

"형님! 형님! 형님!"

아우는 목이 쉬어라 형을 불렀습니다.

"아우님, 일어나셨어요?"

형이 방문을 열고 환하게 웃으며 들어왔습니다.

"형님!"

아우는 형을 와락 껴안았어요. 그런데 어디선가 구수한 밥 냄새가 코끝을 간질였습니다.

"어? 이게 무슨 냄새입니까? 우리 부엌에서 나는 냄새입니까?"

"어서 이불을 개고 세수하고 오세요. 아침밥을 먹어야지요."

"아침밥이요? 오늘은 밥을 먹습니까?"

"그렇습니다."

형이 활짝 웃으며 말했습니다.

아우는 대충 물만 묻히고 방 안으로 뛰어 들어갔어요. 그러고는 차려진 밥상을 보더니 입을 떡 벌렸습니다.

"형님, 이 하얗고 고슬고슬한 밥이 정말 제 것입니까?"

아우는 눈을 비비며 밥상 앞에 앉았어요. 늘 희멀건 죽만 담겼던 그릇에, 늘 깔끄러운 나물죽만 담겼던 그릇에 자르르 윤기 나는 하얀 쌀밥이 담겨 있었습니다. 노릇노릇 구워진 생선도 한 마리 놓여 있었지요.

"오늘이 제 생일입니까, 형님?"

"허허, 그리 좋습니까? 많이 드세요."

숟가락에 밥을 가득 퍼서 입안에 넣고 우물우물 씹으니 꿀맛이 따로 없었습니다.

"참말 맛납니다. 참말 보들보들합니다. 그런데 이 좋은 음식을 어디서 났습니까?"

"맹자님이 차려 주셨지요."

"맹자님이요?"

"네. 맛있게 먹기나 하세요."

아우는 눈 깜짝할 사이에 밥그릇을 뚝딱 비웠어요. 아우의 얼굴에 모처럼 나른한 웃음이 가득 번졌습니다.

"형님, 배가 부른데도 책을 잘 읽을 수 있겠습니다. 아니, 배가 부르니 흥이 나서 책이 더 잘 읽힐 듯합니다."

책을 꺼내려고 책장을 보니 한가운데가 텅 비어 있었어요.

"형님, 형님, 여기를 보십시오. 형님이 아끼는 책 한 질°이 사라졌습니다."

"허허. 맹자가 밥을 지어 주셨다 하지 않았습니까?"

질(帙) 여러 권으로 된 책을 한 번에 셀 때 쓰는 단위.

"그럼 책을 팔아서 쌀을 사신 겁니까?"

"어떻습니까? 책이 밥도 먹여 주지요? 하하하하."

형은 웃었지만 아우는 웃지 않았습니다. 오히려 호탕하게 웃는 형을 물끄러미 바라보았지요. 마음이 너무 아팠습니다.

"마음 쓰지 마세요. 비록 책은 팔았지만, 책 속의 구절들은 내 마음속에 고스란히 담아 두었으니까요. 마음속에 책이 있으니 아쉬울 게 전혀 없답니다."

"그래도 형님이 무척 아끼던 책이 아닙니까?"

"괜찮습니다. 맹자님 덕에 우리 형제가 배불리 먹고 기운 내어 또 책을 읽을 수 있으니 좋은 일입니다."

아우는 형 앞에 무릎을 꿇고 반듯하게 앉았습니다.

"저도 부지런히 책을 읽어 마음속에 한 권, 한 권 쌓아 보겠습니다. 그럼 제 마음속에도 책이 가득한 서가가 생기겠지요?"

"맞습니다. 우리 아우님이 하루 사이에 아주 영특해지셨습니다."

형은 아우를 가만히 바라보았습니다.

"아우님, 우리는 가난합니다. 그 때문에 콧속까지 찬 기운이 스

호탕(豪宕) 씩씩하고 우렁참.

며드는 추운 방에서 책을 읽고 있지요. 변변한 벼슬자리도 얻지 못하는 신세입니다. 부끄럽고 불편하고 힘들 겁니다. 하지만 그런 처지를 원망하고 좌절하면 못난 인생을 살게 됩니다."

"부끄럽습니다. 어제는 제가 형님께 부끄러운 짓을 했습니다."

아우는 고개를 푹 숙였습니다.

"아니에요, 아우님. 나는 지금 아우님을 꾸짖는 게 아닙니다. 생각해 보세요. 가난하기에 우리가 매일 이렇게 나란히 앉아 책을

처지(處地) 처하여 있는 사정이나 형편.
원망(怨望) 못마땅하게 여기어 탓하거나 불평하거나 미워함.
좌절(挫折) 마음이나 기운이 꺾임.

읽을 수 있는 것이 아니겠습니까? 곳간에 쌓아 둘 곡식은 없지만 마음의 양식은 차곡차곡 쌓이고 있으니 그야말로 좋은 일이 아닙니까?"

"네, 형님. 저는 형님과 마주 앉아 책 읽는 시간이 참말로 좋습니다."

"나는 아우님이 있어 참말 좋습니다."

"저도 형님이 있어 참말 좋습니다."

아우는 활짝 웃으며 말했습니다. 형도 아우를 보며 환하게 웃었습니다.

가난한 형제의 책 읽기는 그 뒤로도 계속되었습니다.

바보처럼 책만 읽던 형은 책을 읽고 또 읽던 어느 날, 임금을 모시고 책을 만드는 검서관이 되었습니다.

'내 평소에 글 보기를 좋아했는데, 이렇게 많은 책을 마음껏 읽을 수 있게 되니 꿈을 이룬 것 같구나.'

형은 궁궐에서도 소리 내어 책을 읽었습니다. 임금이 지나가실 때 소리를 낮추었더니 임금께서 돌아보고는 도리어 "글 읽는 소리가 좋으니 목소리를 높여 읽어라."고 하였습니다.

어린 아우도 훗날 형을 따라 검서관이 되었습니다.

형제는 나이가 들어서도 책상을 사이에 두고 나란히 앉아 책 읽기를 그치지 않았습니다.

책만 읽는 바보라고 불렸던 지독한 책벌레
아정 이덕무

스스럼없이 당당하게 밝힌 별명, 간서치

이덕무는 1741년(영조 17) 서울 대사동(지금의 종로2가 근처)에서 태어났어요. 조선의 제2대 왕인 정종의 막내아들 무림군의 자손이었지만, 무림군이 서자였기에 이덕무도 서자의 신분을 이어받았습니다.

그런데 서자 출신은 신분에 대한 차별 제도 때문에 벼슬길에 나아가기가 힘들었어요. 벼슬을 얻는다 해도 높은 자리에는 오를 수 없었지요. 또 장사하거나 농사짓기도 어려워서 대부분 가난하게 살았어요. 그러나 이덕무는 그런 차별과 가난을 오로지 독서의 힘으로 이겨 냈습니다. 끝없이 책을 읽고 또 읽으면서 스스로를 일깨우고 성장시켰지요.

이덕무는 아정(雅亭)·형암(炯菴)·청장관(青莊館) 등 많은 호를 썼어요. 그런데 그에게는 호 말고도 특별한 별명이 하나 더 있었습니다. 바로 '간서치(看

《청장관전서》
〈간서치전〉이 실린 문집이에요. 33책 71권으로, 이덕무가 쓴 글이 모두 담겨 있어요.

호(號) 본명 이외에 허물없이 쓰기 위해 지은 이름.

書癡)'예요. '간서치'는 지나치게 책을 읽는 데만 열중하거나 책만 읽어서 세상 물정에 어두운 사람을 비유하여 이르는 말이에요. 한마디로 '책만 읽는 바보'라는 뜻이지요. 이덕무는 사람들이 자신을 그렇게 부르는 게 싫지 않았던지, 〈간서치전〉이라는 글을 통해 자신이 간서치라고 불리게 된 이유를 스스럼없이 밝혔답니다.

세상의 모든 책을 읽고 싶었던 욕심 많은 청년

이덕무는 어릴 적 아버지 이성호에게서 글을 배웠어요. 남달리 총명하여 이해가 빨랐는데, 특히 중국 태고˚ 때부터 원나라까지 역사를 요약한 《십구사략》을 배울 때는 어려운 역사를 완전히 이해하여 아버지를 놀라게 했답니다. 가난해서 서당에도 나갈 수 없었지만, 이덕무는 아주 열심히 공부했습니다. 어릴 때부터 직접 그린 해시계에 맞춰 정해진 시간에 책을 읽고, 읽을 책이 없을 때는 장부˚나 달력을 들여다보았다고 하니, 책 읽기를 얼마나 좋아했는지 짐작할 수 있지요. 심지어 24살에는 세상의 모든 책을 다 읽겠다는 다짐까지 했답니다.

그러나 가난 때문에 원하는 책을 실컷 사 보기는 힘들었어요. 빌리고 베끼는 것이 책 욕심을 채울 수 있는 거의 유일한 방법이었지요. 이덕무가 친구들과 주고받은 편지를 보면 책을 빌리고 빌려 주는 것에 대한 이야기가 아주 많이 나와요. 더 나아가 책을 빌릴 때와 빌려 줄 때의 예절까지 《사소절》이라는 책에 자세히 정리해 놓았답니다.

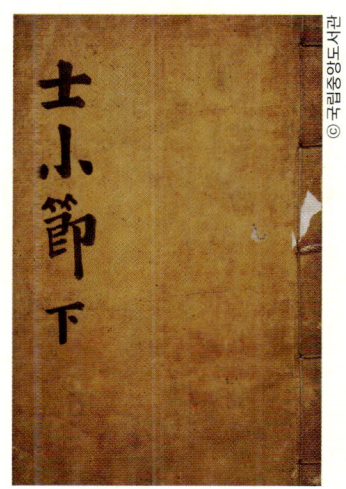

《사소절》
남의 책을 빌려 읽을 때는 조심스럽게 다루고, 기한 내에 돌려주어야 한다는 내용이 담겨 있어요.

태고(太古) 아주 먼 옛날.
장부(帳簿) 물건을 들이고 내보내거나, 돈의 수입과 지출을 적는 책.

중국의 책방 거리에서 책을 발견하다

1778년(정조 2) 3월, 이덕무는 박제가와 함께 사신의 수행원이 되어 청나라(지금의 중국)로 갔어요. 당시 청나라의 도읍인 북경에는 '유리창'이라는 아주 큰 시장이 있었는데, 그곳에 책방 거리가 크게 자리해 있었어요.

이덕무는 유리창에서 열 곳이 넘는 서점을 돌아다니며 조선에 없는 책과 조선에서 구하기 힘든 책의 목록을 정리했습니다. 그런데 목록을 정리하면서 큰 충격을 받았어요. 해마다 사신이 오가는데도 조선에 소개되지 않은 책들이 너무나 많았거든요. 그중에는 나온 지 100년이 넘은 오래된 책이나 중국에서는 집집마다

《연행도》 중 〈유리창〉
조선의 사신 행차와 북경에서 열린 행사 등을 14폭의 그림에 담은 《연행도》 중 유리창 거리 부분이에요. 사절단으로 함께 갔던 김홍도가 그린 작품으로 짐작해요.

갖추고 있는 흔한 책들까지 포함되어 있었지요.

이덕무가 책방 거리에서 찾아 낸 책들은 훗날 조선에 들어와 학자들에게 많은 영향을 미쳤답니다.

규장각 검서관이 되어 더 많은 책을 읽고 글을 쓰다

이덕무는 1779년에 정조의 부름을 받아 규장각 검서관이 되었어요. 규장각 검서관은 9품의 낮은 벼슬로, 책을 교정하고 베껴 쓰는 일을 주로 했어요. 사람들은 하찮은 관리직을 맡으려는 이덕무를 말렸지만 그는 망설이지 않았어요. 서자 신분으로 벼슬하는 것도 감사했고, 대궐의 진귀한 책들을 볼 기회도 놓치고 싶지 않았으니까요.

이덕무는 책을 많이 읽었을 뿐 아니라, 다방면에 걸쳐 글도 많이 썼어요. 가장 대표적인 책은 《이목구심서》로, 24살부터 26살까지 귀(耳)로 듣고, 눈(目)으로 보고, 입(口)으로 말하고, 마음속(心)에 떠오른 것을 정리하여 엮은 책이에요. 이 책에는 독특하고 예민한 이덕무의 감성이 잘 담겨 있답니다. 독서 일기도 있

〈규장각도〉
규장각은 정조가 왕위에 오른 뒤 궁궐 안에 설치한 왕실 도서관이에요. 오늘날 창덕궁 주합루 건물이지요. 당시에는 규장각 옆 건물인 서향각에도 책들을 보관했어요.

어요. 《관독일기》라는 책인데, 93일 동안 하루에 한 권씩 책을 읽고 쓴 글들을 모았지요. 《청비록》이라는 시평집˚을 통해서는 중국과 우리나라는 물론 일본의 시까지 두루 평했어요. 이 책은 한국·중국·일본 세 나라의 문화 교류를 엿볼 수 있는 귀한 자료로 평가받고 있습니다. 그런가 하면 무술에 대한 책도 남겼어요. 《무예도보통지》라는 책인데, 정조의 명에 따라 박제가, 처남 백동수 등과 함께 정리한 무예 훈련서이지요.

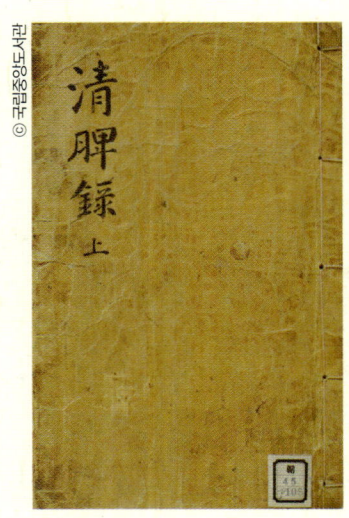
《청비록》

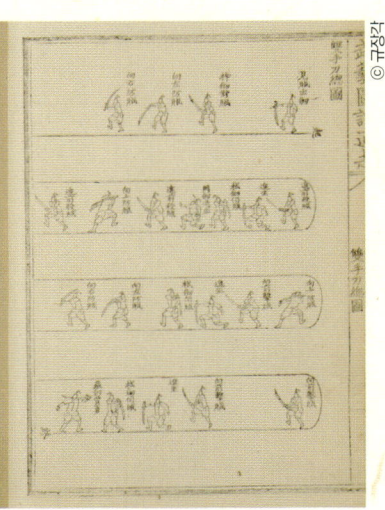
《무예도보통지》

책을 읽으며 역경을 이겨 낸 위대한 책벌레

1793년 1월 25일, 이덕무는 태묘동 자택에서 53살의 나이로 세상을 떠났어요. 이덕무를 유난히 아꼈던 정조는 이덕무를 기리기 위해 그의 아들 이광규에게 검서관 벼슬을 내리고 이덕무의 유고집˚을 펴내게 했어요.

시평집(詩評集) 시 작품에 대한 비평 글을 모아 엮은 책.
유고집(遺稿集) 죽은 사람이 생전에 써서 남긴 원고를 묶은 책.

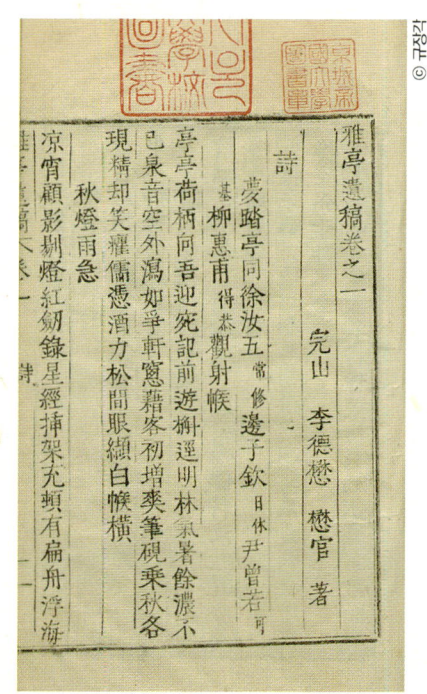

《아정유고》
이덕무가 죽은 뒤 정조의 명에 따라 펴낸 시문집이에요.

이덕무는 한평생 가난하게 살았고, 가난 때문에 유난히 예뻐하던 여동생을 먼저 보내는 가슴 아픈 일을 겪었어요. 대신 다정한 아버지 밑에서 형제들과 깊은 우애를 나누었지요. 이 책의 이야기도 이덕무·이공무 형제의 두터운 형제애를 그리고 있어요. 이덕무의 동생 이공무에 대해서는 형과 함께 규장각에서 근무했다는 것 말고 특별히 알려진 것은 없어요. 이덕무가 동생의 감각을 높이 평가하여 자신의 문집에 실은, 〈도중〉이라는 시만 전해질 뿐이지요.

이덕무에게 책은 평생을 함께한 둘도 없는 벗이었어요. 그는 성공과 출세를 위해서가 아니라 참된 지식과 지혜를 얻고자 책을 읽었습니다. 나아가 책을 통해 얻은 깨달음을 훌륭한 글로써 후세에 전했지요.

스스로를 '책만 읽는 바보'라 일컬을 만큼 책을 사랑했던 이덕무. 그는 고난과 역경마저 독서의 힘으로 이겨 낸 진정 위대한 책벌레였습니다.

이덕무의 독서법

🙂 독서법 하나.

어린아이에게 글을 가르칠 때에 많은 분량을 가르쳐서는 절대 안 된다.
총명하고 민첩한 아이가 조금 읽고 잘 외는 것도 좋은 일이 아니며,
둔한 아이에게 많은 분량을 익히도록 하는 것은 약한 말에
무거운 짐을 실은 것과 같으니 어찌 멀리 갈 수가 있겠는가?
글은 적은 분량을 익숙하게 읽어 뜻을 아는 것이 중요하다.
이와 같이 한다면 비록 둔하여 잘 외지 못하더라도 용서하는 것이 좋다.
아무 생각 없이 읽기만 하고 잘 외우지 못하면
아이가 외우는 것을 더욱 주의 깊게 살피는 것이 좋다.

-《사소절》 중 〈교습〉에서

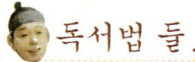 독서법 둘.

책을 읽을 때는 시간을 정하여 건너뛰거나 들쑥날쑥하지 않도록 한다.

내가 어릴 때 한 번도 일과를 빠뜨린 적이 없어서

아침에 사오십 줄을 오십 번 읽되 아침부터 저녁까지

다섯 차례로 나누어 한 차례에 열 번씩 읽었다.

병이 나지 않으면 어긴 적이 없었는데

공부하는 과정이 넓어지고 정신력도 증대해져서

그때 읽은 책은 지금도 그 뜻을 대강 기억하고 있다.

—《사소절》 중 〈교습〉에서

일과(日課) 날마다 규칙적으로 하는 일정한 일
증대(增大) 양이 많아지거나 규모가 커짐.

힘이 되는 책 속 구절

益者三友 損者三友
익자삼우 손자삼우

友直 友諒 友多聞 益矣
우직 우량 우다문 익의

友便辟 友善柔 友便佞 損矣
우편벽 우선유 우편녕 손의

유익한 세 가지 벗이 있고, 해가 되는 세 가지 벗이 있다.
정직한 사람을 벗하고, 신의가 있는 사람을 벗하고,
견문이 넓은 사람을 벗하는 것은 유익하다.
허식이 있는 사람을 벗하고, 아첨 잘하는 사람을 벗하고,
말을 잘 둘러대는 사람을 벗하는 것은 해가 된다.

— 《논어》 계씨 4장

益 더할 익 者 사람 자 三 석 삼 友 벗 우 損 해칠 손 直 곧을 직 諒 믿을 량 多 많을 다 聞 들을 문 矣 어조사 의 便 편할 편
辟 치우칠 벽 善 착할 선 柔 부드러울 유 佞 아첨할 녕

吾日三省吾身

오일삼성오신

爲人謀而不忠乎

위인모이불충호

與朋友交而不信乎

여붕우교이불신호

傳不習乎

전불습호

나는 매일 나 자신에 대하여 세 가지를 반성한다
남을 위해 일을 함에 있어 충실하지 않았던 적은 없는가,
친구들과 사귐에 있어 신의를 잃은 적은 없는가,
배운 것을 익히지 않은 것은 없는가이다.

- 《논어》 학이 4장

吾 나오   日 날일   三 석삼   省 살필성   身 몸신   爲 할위   人 사람인
謀 꾀모   而 말이을이   不 아닐불   忠 충성충   乎 어조사호   與 같이할여
朋 벗붕   友 벗우   交 사귈교   信 믿을신   傳 전할전   習 익힐습

참고한 책
《책만 보는 바보》(안소영 글, 보림, 2005)
《깨끗한 매미처럼 향기로운 귤처럼》(이덕무 글, 강국주 엮고 옮김, 돌베개, 2008)
《책에 미친 바보》(이덕무 글, 권정원 옮김, 미다스북스, 2011)
《공부에 미친 16인의 조선 선비들》(이수광 외 글, 들녘, 2013)
《오직 독서뿐》(정민 글, 김영사, 2013)

한문 풀이 도움 주신 곳_고전번역원